Frédéric Berqué

Crèmes douceur

Photographies d'Amélie Roche
Stylisme de Manuella Chantepie

Le contenu de cet ouvrage a été publié dans *Petites crèmes douceur* dans la collection « Toquades » de First.

ISBN : 978-2-7540-4684-8
Dépôt légal : janvier 2013
Imprimé en Italie
Photos © Amélie Roche
Direction éditoriale : Aurélie Starckmann
Édition : Dorothée Rothschild
Conception graphique : Istria
Pictogramme © Pascale Etchecopar

Éditions First-Gründ
60, rue Mazarine
75006 Paris – France
e-mail : firstinfo@efirst.com
Sites internet : www.editionsfirst.fr – www.grund.fr

Introduction

Qu'elles soient brûlées, renversées, cuites, prises, gourmandes, rapides ou même régressives, les crèmes dessert ont toujours du succès !

Nous avons tous le souvenir d'une crème aux œufs, recette de famille indémodable et mémorable aussi vivace et délectable que celle de la madeleine de Proust.

Avec une texture crémeuse et délicatement sucrée, des parfums intenses de vanille ou de caramel, la simplicité des recettes et des ingrédients, la cuisson douce et délicate, une présentation en petits pots de verre ou de porcelaine, les petites crèmes vous offrent des possibilités de plaisirs infinis.

Vous trouverez ainsi dans cet ouvrage des recettes classiques comme les crèmes renversées au caramel, la crème catalane ou les petits pots de crème au café. Vous pourrez vous faire plaisir en innovant avec les petites crèmes régressives aux Tagada®, les petites crèmes meringuées au citron vert ou la crème de coco. Vous surprendrez vos invités avec des recettes plus sophistiquées comme la crème bavaroise à la pistache et aux abricots ou les crèmes viennoises aux griottes. Enfin, retrouvez les incontournables crèmes brûlées : qu'elles soient à la vanille, à la banane, au safran ou aux spéculoos, la reine des crèmes saura toujours vous surprendre.

Crèmes catalanes

coût moyen • facile à réaliser • préparation : 10 min • cuisson : 3 min • réfrigération : 1 h • pour 6 personnes

1 chalumeau
1 saladier
1 casserole
1 tamis fin
1 fouet
6 ramequins

- 50 cl de lait entier
- 100 g de sucre
- 4 jaunes d'œufs
- 1 citron bio
- 1 orange bio
- 2 cuil. à soupe rases de fécule de maïs
- 2 cuil. à soupe de cassonade
- 1 bâton de cannelle

1. Lavez soigneusement le citron et l'orange puis prélevez le zeste de ces deux agrumes. Versez le lait dans une casserole avec les zestes et un bâton de cannelle. Faites frémir ce lait. Retirez la casserole du feu. Laissez infuser pendant au moins 10 minutes puis filtrez le tout à l'aide d'un tamis fin.

2. Dans un saladier, fouettez les jaunes d'œufs avec le sucre. Ajoutez la fécule de maïs. Mélangez à nouveau. Versez le lait chaud et parfumé par-dessus. Mélangez puis versez le tout dans la casserole.

3. Déposez la casserole sur un feu doux. Faites cuire doucement en fouettant sans arrêt jusqu'à la limite de l'ébullition. La crème catalane doit légèrement épaissir. Répartissez-la encore chaude dans les ramequins. Laissez refroidir au réfrigérateur pendant au moins 1 heure.

4. Saupoudrez les crèmes catalanes d'une fine couche de cassonade puis caramélisez-les à l'aide d'un chalumeau.

truc de cuisinier

Attention, la crème catalane ne doit pas bouillir sur le feu, car l'ébullition provoque des grumeaux.

Petits pots de crème au café

coût peu élevé • très facile à réaliser • préparation : 15 min • cuisson : 35 min • réfrigération : 2 h • pour 5 personnes

1 casserole - 1 saladier

1 fouet - 5 petits pots en porcelaine (ou en aluminium)

- 50 cl de lait • 5 œufs
- 90 g de sucre
- 1 c. à s. de café soluble
- quelques grains de café enrobés de chocolat (décoration)

Préchauffez le four à 150 °C (th. 5). Faites frémir le lait avec le café soluble dans une casserole. Dans un saladier, fouettez les œufs avec le sucre puis ajoutez le lait chaud. Mélangez en évitant de faire de la mousse. Écumez si nécessaire. Remplissez les petits pots. Déposez-les dans un bain-marie puis ajoutez de l'eau chaude jusqu'à mi-hauteur. Faites cuire pendant 30 à 35 minutes au four. Laissez bien refroidir au réfrigérateur pendant 2 heures. Décorez avec des grains de café enrobés de chocolat, mixés si vous le souhaitez.

Pots de crème facile au chocolat

coût peu élevé • très facile à réaliser • préparation : 10 min • cuisson : 2 min • réfrigération : 2 h • pour 4 personnes

1 casserole - 1 fouet

4 petits pots en porcelaine (ou en aluminium)

- 100 g de chocolat noir
- 30 g de beurre
- 15 cl de crème liquide
- 10 cl de lait
- 1 cuil. à café de cacao amer en poudre
- 1 feuille de gélatine (2 g)

Ramollissez la feuille de gélatine dans un peu d'eau froide. Versez la crème liquide et le lait dans une casserole puis faites-les frémir. Cassez le chocolat en morceaux puis ajoutez-le, hors du feu, dans le mélange encore chaud. Mélangez bien avec un petit fouet. Ajoutez la feuille de gélatine essorée et le beurre en morceaux. Fouettez de nouveau pour obtenir une crème bien lisse. Versez le tout dans les petits pots. Laissez refroidir pendant au moins 2 heures au réfrigérateur. Saupoudrez d'une fine pellicule de cacao amer.

Panna cotta aux fruits rouges

coût peu élevé • facile à réaliser • préparation : 15 min • cuisson : 2 min • réfrigération : 3 h • pour 4 personnes

1 mixeur plongeant
2 saladiers
1 petite casserole
1 fouet
4 verrines

- 250 g de fraises
- 100 g de framboises
- 4 grappes de groseilles
- 40 g de sucre
- 25 cl de lait
- 25 cl de crème liquide
- 1/2 citron
- 3 c. à s. de sucre glace
- 3 feuilles de gélatine (6 g)
- 1/2 gousse de vanille
- 4 feuilles de menthe (facultatif)

1. Trempez les feuilles de gélatine dans un grand volume d'eau froide. Fendez la demi-gousse de vanille en 2 puis grattez-la pour récupérer les graines. Lavez les fraises.

2. Dans une casserole, faites bouillir le lait avec la crème, le sucre, la demi-gousse et les graines de vanille. Ajoutez la gélatine essorée. Mélangez bien avec un petit fouet et laissez infuser le tout 10 à 15 minutes. Retirez la demi-gousse de vanille. Versez cette panna cotta jusqu'aux deux tiers des verrines et laissez reposer au moins 3 heures au frais.

3. Découpez les fraises en 2 ou en 4. Mixez-les à l'aide d'un petit mixeur plongeant avec le sucre glace et quelques gouttes de jus de citron. Réservez ce coulis au frais.

4. Dès que la panna cotta est prise, versez une bonne couche de coulis. Décorez avec quelques framboises, des groseilles et éventuellement une feuille de menthe.

truc de cuisinier

Filtrez le coulis à l'aide d'un tamis fin.

Crèmes renversées au caramel

coût peu élevé • assez facile à réaliser • préparation : 15 min • cuisson : 25 min • pour 8 personnes

2 casseroles - 1 saladier
1 bain-marie - 1 fouet
8 ramequins en porcelaine

- 1 l de lait entier • 8 œufs
- 160 g de sucre
- 1/2 gousse de vanille

Pour le caramel :
- 150 g de sucre
- 2 cuil. à soupe d'eau

Préchauffez le four à 150 °C (th. 5). Faites le caramel dans une casserole avec le sucre et l'eau. Portez à ébullition et surveillez jusqu'à la caramélisation. Arrêtez la cuisson en plongeant le fond de la casserole dans de l'eau froide. Répartissez le caramel bien chaud au fond des ramequins. Laissez refroidir et durcir. Faites chauffer le lait dans une casserole avec la demi-gousse de vanille fendue en 2. Dans un saladier, fouettez rapidement les œufs avec 160 g de sucre. Ajoutez le lait chaud et mélangez délicatement sans faire de mousse. Retirez la demi-gousse de vanille. Répartissez cette crème dans les ramequins caramélisés. Déposez-les dans un bain-marie rempli à mi-hauteur. Faites cuire 25 à 30 minutes au four. Vérifiez la cuisson à l'aide de la pointe d'un couteau qui doit ressortir propre. Laissez bien refroidir.

Crèmes laitières à la vanille

coût peu élevé • très facile à réaliser • préparation : 10 min • cuisson : 25 min • réfrigération : 2 h • pour 5 personnes

1 casserole - 1 saladier
5 petits pots en porcelaine

- 50 cl de lait entier
- 1 œuf + 3 jaunes
- 80 g de sucre
- 1 gousse de vanille

Préchauffez le four à 150 °C (th. 5). Faites frémir le lait dans une casserole avec la vanille fendue en 2 et grattée puis laissez infuser pendant 10 minutes. Dans un saladier, fouettez les 3 jaunes avec l'œuf entier et le sucre. Ajoutez le lait chaud vanillé. Mélangez sans faire de mousse. Écumez si besoin. Retirez la vanille. Remplissez les petits pots. Mettez-les dans un bain-marie rempli à mi-hauteur d'eau chaude. Enfournez pour 25 à 30 minutes. Refroidissez-les au frais au moins 2 heures.

Crèmes brûlées à la vanille Bourbon

coût moyen • facile à réaliser • préparation : 10 min • cuisson : 1 h • réfrigération : 2 h • pour 5 personnes

1 chalumeau
1 casserole
1 saladier
1 fouet
5 moules à crème brûlée

- 50 cl de crème liquide entière
- 90 g de sucre
- 5 jaunes d'œufs
- 1 gousse de vanille Bourbon
- 2 cuil. à soupe de cassonade pour caraméliser

1 Préchauffez le four à 100 °C (th. 3-4). Versez la crème liquide dans une casserole puis faites-la chauffer doucement. Fendez la gousse de vanille en 2. Grattez les graines avec la lame d'un couteau puis déposez le tout dans la crème. Laissez infuser pendant quelques minutes hors du feu.

2 Dans un saladier, fouettez énergiquement les jaunes d'œufs avec le sucre pendant 1 minute de manière à obtenir un mélange bien homogène et lisse. Ajoutez la crème liquide encore chaude et fouettez de nouveau l'ensemble en évitant de faire de la mousse. Retirez la gousse de vanille.

3 Répartissez le tout dans les moules à crème brûlée. Faites-les cuire pendant 1 heure au four. Laissez refroidir au moins 2 heures.

4 Au dernier moment, saupoudrez les crèmes brûlées refroidies d'une fine couche de cassonade. Caramélisez avec un chalumeau et servez immédiatement.

truc de cuisinier

Placez les crèmes brûlées sur une grille au milieu du four.

Duo chocolat et crèmes brûlées

coût moyen • facile à réaliser • préparation : 15 min • cuisson : 40 min • réfrigération : 2 h • pour 6 personnes

1 chalumeau
1 bain-marie
1 saladier
1 fouet
6 petits pots transparents

- 100 g de chocolat noir
- 80 g de sucre
- 3 jaunes d'œufs
- 35 cl de crème liquide entière
- 25 g de beurre
- 10 cl de lait
- 1 gousse de vanille
- 2 cuil. à soupe de sucre pour caraméliser

1 Préchauffez le four à 100 °C (th. 3-4). Dans un bain-marie, faites fondre le chocolat. Ajoutez 5 cl de lait puis le beurre. Mélangez avec un petit fouet pour obtenir un chocolat fondu, bien lisse et homogène. Versez-le sur une hauteur de 1 cm au fond des petits pots.

2 Fendez la gousse de vanille en 2 pour récupérer les graines. Faites frémir la crème liquide et le lait. Ajoutez les graines de vanille et laissez infuser le tout, hors du feu, pendant 10 minutes. Dans un saladier, fouettez les jaunes d'œuf avec le sucre de manière à obtenir un mélange bien homogène et lisse. Ajoutez la crème à la vanille encore tiède. Mélangez délicatement en évitant de faire de la mousse.

3 Complétez délicatement les petits pots avec cette crème. Faites-les cuire pendant 40 minutes au four. Laissez refroidir pendant au moins 2 heures.

4 Au dernier moment, saupoudrez les crèmes brûlées refroidies d'une fine couche de sucre. Caramélisez avec un chalumeau et servez immédiatement.

truc de cuisinier

Versez doucement la crème brûlée dans les petits pots sur le chocolat tiède en évitant de mélanger les deux couches.

Mini-crèmes caramélisées au citron

coût peu élevé • facile à réaliser • préparation : 15 min • infusion : 30 min • cuisson : 3 min • réfrigération : 2 h • pour 4 personnes

1 chalumeau - 1 casserole
1 saladier - 1 tamis fin
6 petits pots

- 50 cl de lait
- 120 g de sucre
- 3 jaunes d'œufs
- 30 g de fécule de maïs
- 30 g de cassonade (ou de sucre blanc)
- 1 citron bio

Lavez le citron et prélevez son zeste. Faites frémir le lait avec les zestes. Laissez infuser, hors du feu, pendant 20 minutes. Dans un saladier, fouettez vigoureusement les jaunes d'œufs avec le sucre, le jus d'1/2 citron et la fécule de maïs. Versez le lait par-dessus, au travers d'un tamis fin. Mélangez bien. Faites cuire ce mélange à la casserole à la limite de l'ébullition. Répartissez dans 6 petits pots. Laissez refroidir 2 heures au réfrigérateur. Saupoudrez-les légèrement de sucre cassonade ou de sucre blanc. Caramélisez avec un chalumeau et servez immédiatement.

Mini-crèmes brûlées à la pâte de spéculoos

coût moyen • très facile à réaliser • préparation : 10 min • cuisson : 35 min • réfrigération : 2 h • pour 4 personnes

1 chalumeau - 1 casserole
1 saladier - 12 mini-plats à crème brûlée

- 4 cuil. à soupe de pâte à tartiner aux spéculoos (environ 80 g)
- 50 g de sucre
- 40 cl de crème liquide
- 4 jaunes d'œufs
- 3 cuil. à soupe de sucre pour caraméliser

Préchauffez le four à 100 °C (th. 3-4). Faites chauffer la crème liquide dans une casserole. Dans un saladier, fouettez énergiquement les jaunes avec le sucre puis ajoutez la pâte à tartiner. Versez la crème liquide encore chaude sur ce mélange. Fouettez à nouveau sans faire trop de mousse. Répartissez le tout dans les mini-plats à crème brûlée. Faites cuire pendant 35 minutes au four. Laissez refroidir au moins 2 heures. Versez une fine couche de sucre sur les crèmes. Caramélisez le tout à l'aide d'un chalumeau et servez immédiatement.

Crèmes brûlées au chocolat noir, parfum de café

coût moyen • facile à réaliser • préparation : 10 min • cuisson : 1 h • réfrigération : 2 h • pour 5 personnes

1 chalumeau
1 casserole
1 saladier
1 tamis fin
1 fouet
5 moules à crème brûlée

- 120 g de chocolat noir
- 90 g de sucre
- 5 jaunes d'œufs
- 25 cl de crème liquide entière
- 25 cl de lait
- 2 cuil. à soupe de grains de café entiers
- 2 cuil. à soupe de cassonade pour caraméliser

1 Préchauffez le four à 100 °C (th. 3-4). Concassez grossièrement les grains de café. Versez la crème liquide et le lait dans une casserole. Faites chauffer doucement le tout puis ajoutez les grains de café concassés. Laissez infuser pendant 10 minutes. Filtrez à l'aide d'un tamis fin. Découpez le chocolat en morceaux, ajoutez-le dans le lait chaud. Mélangez avec un petit fouet pour bien faire fondre le chocolat et obtenir un ensemble homogène.

2 Dans un saladier, fouettez les jaunes d'œufs avec le sucre. Ajoutez la crème chocolatée encore chaude. Mélangez en évitant de faire trop de mousse.

3 Versez le tout et à hauteur dans les moules à crème brûlée. Faites-les cuire pendant 1 heure au four. Vérifiez la cuisson avec la pointe d'un couteau. Laissez refroidir pendant au moins 2 heures.

4 Au dernier moment, saupoudrez les crèmes brûlées refroidies d'une fine couche de cassonade. Caramélisez avec un chalumeau et servez immédiatement.

truc de cuisinier

Les grains de café concassés apportent une saveur subtile et originale à cette recette.

Crèmes brûlées rhum-raisin

coût moyen • facile à réaliser • préparation : 10 min • cuisson : 50 min • réfrigération : 2 h • pour 5 personnes

1 chalumeau
1 saladier
1 casserole
5 moules à crème brûlée

- 80 g de sucre
- 50 g de raisins secs
- 5 jaunes d'œufs
- 35 cl de crème liquide
- 15 cl de lait
- 2 cuil. à soupe de rhum
- 2 cuil. à soupe de cassonade pour caraméliser

1 Préchauffez le four à 100 °C (th. 3-4). Déposez les raisins secs dans un bol. Versez dessus 5 cl d'eau tiède et une cuillerée à soupe de rhum. Laissez les raisins se réhydrater pendant quelques minutes. Égouttez-les puis répartissez-les dans les moules à crème brûlée.

2 Dans un saladier, fouettez les jaunes d'œufs avec le sucre. Ajoutez la crème, le lait et une cuillerée à soupe de rhum. Mélangez doucement l'ensemble en évitant de faire de la mousse.

3 Versez le mélange dans les moules à crème brûlée. Faites-les cuire pendant 50 minutes au four. Laissez refroidir au moins 2 heures.

4 Au dernier moment, saupoudrez les crèmes brûlées refroidies d'une fine couche de cassonade. Caramélisez avec un chalumeau et servez immédiatement.

truc de cuisinier

Pour obtenir une crème brûlée plus moelleuse, augmentez la dose de crème et réduisez celle de lait.

Crèmes brûlées orange confite-safran

coût moyen • très facile à réaliser • préparation : 10 min • cuisson : 1 h • réfrigération : 2 h • pour 5 personnes

1 chalumeau - 1 casserole
1 saladier - 1 fouet
5 petits plats à crème brûlée

•50 cl de crème liquide •80 g de sucre •6 jaunes d'œufs •30 g d'écorces d'oranges confites •1 bonne pincée de safran •1 c. à c. de Grand Marnier® •2 c. à s. de cassonade pour caraméliser

Préchauffez le four à 100 °C (th. 3-4). Faites frémir dans une casserole la crème liquide avec le safran. Dans un saladier, fouettez les jaunes d'œufs avec le sucre et le Grand Marnier®. Ajoutez la crème chaude. Fouettez de nouveau. Versez dans les moules à crème brûlée. Hachez finement les écorces d'oranges confites et répartissez-les dans les moules. Faites cuire pendant 1 heure au four. Laissez refroidir au réfrigérateur au moins 2 heures. Au dernier moment, saupoudrez les crèmes brûlées bien refroidies de cassonade. Caramélisez avec un chalumeau et servez immédiatement.

Crèmes brûlées poires-sirop d'érable

coût moyen • très facile à réaliser • préparation : 10 min • cuisson : 1 h • réfrigération : 2 h • pour 4 personnes

1 chalumeau - 1 casserole
1 saladier - 1 fouet
4 petits plats à crème brûlée

•40 cl de crème liquide •30 g de sucre •4 jaunes d'œufs •2 petites poires Conférence •2 c. à s. de sirop d'érable •1 c. à c. d'eau-de-vie de poire •1/2 citron •2 c. à s. de sucre pour caraméliser

Épluchez et citronnez légèrement les poires. Coupez-les en 2. Retirez le cœur, émincez-les en éventail puis nappez-les de sirop d'érable à l'aide d'un pinceau. Déposez une demi-poire au centre de chaque plat. Dans un saladier, fouettez les jaunes d'œufs avec le sucre. Ajoutez l'eau-de-vie puis la crème liquide. Mélangez de nouveau. Versez-le tout autour des poires sans les recouvrir totalement. Faites cuire pendant 1 heure au four. Laissez refroidir au moins 2 heures au réfrigérateur. Avant de servir, saupoudrez les crèmes brûlées bien refroidies de sucre et caramélisez avec un chalumeau.

Crèmes brûlées à la lavande

coût moyen • facile à réaliser • préparation : 10 min • cuisson : 1 h • réfrigération : 2 h • pour 5 personnes

1 chalumeau
1 casserole
1 saladier
1 tamis fin
1 fouet
5 moules à crème brûlée ou 5 ramequins

- 90 g de sucre
- 5 jaunes d'œufs
- 40 cl de crème liquide entière
- 10 cl de lait
- 1 cuil. à soupe rase de fleurs de lavande
- 2 cuil. à soupe de cassonade pour caraméliser
- quelques brins de lavande (pour la décoration)

1 Préchauffez le four à 100 °C (th. 3-4). Versez la crème liquide, le lait et les fleurs de lavande dans une casserole. Faites chauffer doucement le tout. Laissez infuser hors du feu pendant 10 minutes. Filtrez cette crème à l'aide d'un tamis fin.

2 Dans un saladier, fouettez énergiquement les jaunes d'œuf avec le sucre pendant 1 minute, de manière à obtenir un mélange bien homogène et lisse. Ajoutez la crème parfumée à la lavande et mélangez en évitant de faire de la mousse.

3 Versez le tout et à hauteur dans les moules à crème brûlée. Faites-les cuire pendant 1 heure au four. Laissez refroidir au moins 2 heures.

4 Au dernier moment, saupoudrez les crèmes brûlées refroidies d'une fine couche de cassonade. Caramélisez avec un chalumeau. Décorez avec des brins de lavande et servez immédiatement.

truc de cuisinier

Supprimez 1 jaune d'œuf pour une recette plus légère.

Crèmes viennoises aux griottes

coût moyen • assez facile à réaliser • préparation : 20 min • cuisson : 5 min • réfrigération : 2 h • pour 6 personnes

1 batteur électrique
1 poche à douille cannelée
1 casserole - 2 saladiers
6 verrines transparentes

- 220 g de chocolat noir
- 120 g de griottes au sirop
- 60 g de sucre
- 30 cl de lait
- 20 cl de crème liquide
- 3 jaunes d'œufs
- 1 feuille de gélatine (2 g)
- 1 c. à c. de cacao amer

Pour la chantilly :
- 20 cl de crème liquide
- 2 c. à s. de sucre glace

1 Cassez le chocolat en morceaux. Ramollissez la feuille de gélatine en la trempant dans l'eau froide. Déposez quelques griottes égouttées au fond des verrines.

2 Dans une casserole, faites frémir le lait avec la crème liquide. Dans un saladier, fouettez les jaunes d'œufs avec le sucre puis versez dessus le lait bouillant. Faites cuire à feu doux le tout dans une casserole. Laissez épaissir légèrement cette crème sans jamais atteindre l'ébullition.

3 Ajoutez, hors du feu, la feuille de gélatine bien essorée et les morceaux de chocolat. Lissez bien à l'aide d'un fouet. Répartissez cette crème chocolatée sur les griottes jusqu'aux trois quarts des verrines. Laissez refroidir pendant au moins 2 heures.

4 Préparez la chantilly : montez 20 cl de crème liquide en crème fouettée à l'aide d'un fouet électrique dans un saladier. Incorporez à la fin le sucre glace. À l'aide d'une poche à douille cannelée, décorez les crèmes au chocolat d'une belle rosace de chantilly. Saupoudrez légèrement de cacao amer. Terminez le décor avec une belle griotte.

truc de cuisinier

Placez le saladier qui servira à monter la chantilly au congélateur pendant quelques minutes.

Verrines de lemon curd aux fraises, chantilly gourmande

coût moyen • facile à réaliser • préparation : 15 min • cuisson : 5 min • réfrigération : 1 h • pour 4 personnes

1 fouet électrique
1 casserole - 1 saladier
1 fouet
4 verrines

- 250 g de fraises
- 10 cl de crème liquide
- 1 c. à s. de mascarpone
- 1 c. à s. de sucre glace
- 1 c. à s. de pistaches non salées concassées
- 1 c. à c. de vanille liquide

Pour le lemon curd :

- 3 citrons bio
- 120 g de sucre
- 40 g de beurre
- 2 œufs + 1 jaune
- 1 c. à s. rase de fécule de maïs

1 Préparez le lemon curd : lavez soigneusement les citrons. Prélevez le zeste d'1 citron puis pressez 15 cl de jus. Faites frémir ce jus et le zeste dans une casserole avec 30 g de sucre. Dans un saladier, fouettez les 2 œufs entiers, le jaune d'œuf, 90 g de sucre et la fécule de maïs. Incorporez le jus de citron chaud, mélangez puis versez le tout dans la casserole. Faites cuire cette crème à feu doux en la remuant constamment à l'aide d'un fouet, jusqu'à ce qu'elle épaississe. Ajoutez le beurre en morceaux.

2 Répartissez le lemon curd encore chaud dans les verrines jusqu'à mi-hauteur. Laissez refroidir au réfrigérateur pendant 1 heure. Lavez les fraises, coupez-les en 2 si nécessaire et disposez-les bien rangées dans les verrines sur la couche de lemon curd.

3 Dans un saladier bien froid, versez la crème liquide et le mascarpone. Montez le tout en chantilly à l'aide d'un fouet électrique. À la fin, ajoutez la vanille liquide et le sucre glace.

4 Décorez les verrines avec une belle rosace de chantilly et les pistaches concassées.

Blanc-manger au lait de coco et saveur des îles

coût moyen • facile à réaliser • préparation : 35 min • cuisson : 3 min • réfrigération : 2 h • pour 4 personnes

1 robot mixeur
1 casserole
1 saladier - 4 verrines

- 1/2 mangue
- 3 tranches d'ananas frais
- 1/2 orange • 1 citron
- 1 cuil. à café de sucre
- 3 feuilles de menthe
- 2 cuil. à café de rhum

Pour le blanc-manger :

- 150 g de fromage blanc sucré
- 25 g de sucre
- 20 cl de lait de coco non sucré
- 5 cl de lait
- 2 feuilles de gélatine (4 g)
- 1/2 gousse de vanille

1 Détaillez les tranches d'ananas frais en très petits dés. Mélangez-les avec les feuilles de menthe hachées, le jus d'1/2 citron, un trait de rhum et le sucre. Répartissez le tout au fond des 4 verrines.

2 Préparez le blanc-manger : faites ramollir les feuilles de gélatine dans un grand volume d'eau froide. Fendez la demi-gousse de vanille en 2 et prélevez les graines. Versez le lait dans une casserole et faites-le bouillir avec le sucre et les graines de vanille. Ajoutez la gélatine essorée dans le lait chaud puis le lait de coco. Retirez du feu, mélangez bien. Dans un saladier, fouettez le fromage blanc avec le lait de coco à peine gélifié de manière à obtenir un mélange bien lisse. Versez le blanc-manger au lait de coco dans 4 verrines sans dépasser les 2/3 de la hauteur. Laissez prendre 2 heures au réfrigérateur.

3 Prélevez la pulpe de la mangue. Mixez-la dans un robot avec le jus d'1/2 orange. Rectifiez la saveur, si nécessaire, avec un peu de sucre et du jus de citron.

4 Terminez le montage de la verrine en versant le coulis de mangue sur le blanc-manger bien froid et gélifié.

Petites crèmes à la ricotta et aux myrtilles

coût élevé • très facile à réaliser • préparation : 10 min • cuisson : 1 min • réfrigération : 1 h • pour 5 personnes

1 casserole - 2 saladiers
1 fouet - 5 verrines

•250 g de ricotta
•250 g de myrtilles fraîches ou surgelées
•50 g de gelée de myrtille
•25 g de sucre •5 cl de crème liquide •1 c. à s. de sucre glace •1 c. à c. de vanille liquide

Mélangez la crème liquide, le sucre et la vanille. Incorporez la ricotta et fouettez de nouveau pour obtenir un mélange bien homogène et souple. Dans un autre saladier, mélangez les myrtilles fraîches avec le sucre glace puis répartissez le tout à mi-hauteur dans les verrines. Complétez les verrines avec le mélange à la ricotta. Chauffez rapidement la gelée de myrtille dans une casserole pour la détendre. Versez-en une petite couche sur les verrines. Laissez refroidir au réfrigérateur 1 heure.

Petites crèmes de mascarpone aux griottes

coût moyen • facile à réaliser • préparation : 20 min • cuisson : 5 min • réfrigération : 2 h • pour 4 personnes

1 fouet électrique
1 saladier - 1 économe
4 verrines

•220 g de griottes au sirop
•200 g de mascarpone
•30 g de chocolat noir
•50 g de sucre •2 œufs
•4 biscuits à la cuiller
•1 c. à s. d'amaretto
•1/2 citron •4 feuilles de menthe (facultatif)

Séparez les jaunes des blancs d'œufs. Fouettez les jaunes d'œufs avec le sucre et l'amaretto. Ajoutez le mascarpone, fouettez bien fort pour obtenir un mélange homogène. Montez au fouet électrique les blancs d'œufs en neige avec quelques gouttes de jus de citron et incorporez-les au précédent mélange. Réservez au frais pendant quelques minutes. Égouttez les griottes et réservez le jus. Cassez les biscuits en 3 morceaux et déposez-les au fond des verrines. Ajoutez un peu de jus pour imbiber les biscuits puis répartissez les griottes à mi-hauteur. Complétez les verrines avec la crème de mascarpone. Laissez bien refroidir au moins 2 heures au frais. Décorez les verrines avec quelques copeaux de chocolat, des griottes et éventuellement une feuille de menthe.

Trifles de pommes aux fruits secs et aux spéculoos

coût moyen • facile à réaliser • préparation : 20 min • cuisson : 20 min • réfrigération : 3 h • pour 4 personnes

1 fouet électrique
1 poêle
1 saladier
4 ramequins

- 3 pommes
- 50 g d'abricots secs
- 30 g de raisins secs
- 12 spéculoos
- 50 g de sucre
- 40 g de beurre
- 50 cl de crème anglaise en brique
- 10 cl de crème liquide
- 2 c. à s. de sucre glace
- 1 c. à c. de cannelle
- 1 trait de vanille liquide

1 Concassez grossièrement les spéculoos avec un couteau. Découpez les abricots secs en petits dés, réservez-en un peu pour le décor. Réhydratez les raisins secs dans un bol d'eau tiède.

2 Épluchez et détaillez les pommes en 6 ou 8 quartiers. Faites chauffer le beurre dans une poêle. Déposez les quartiers de pommes dans le beurre chaud. Saupoudrez-les de sucre et faites-les légèrement caraméliser. Ajoutez à la fin les dés d'abricots et les raisins secs pour les enrober de caramel.

3 Déposez au fond des ramequins les 2/3 des spéculoos émiettés. Répartissez les quartiers de pommes caramélisés et les fruits secs. Versez la crème anglaise à hauteur des pommes. Réservez au réfrigérateur pendant au moins 3 heures.

4 Dans un saladier, montez la crème liquide en chantilly à l'aide d'un fouet électrique. Ajoutez le sucre glace et la vanille liquide. Terminez le dressage des ramequins avec cette crème fouettée. Décorez avec le reste de miettes de spéculoos, quelques dés d'abricots secs et une pincée de cannelle.

Crèmes de framboise aux biscuits roses

coût moyen • assez facile à réaliser • préparation : 20 min • cuisson : 5 min • réfrigération : 2 h • pour 5 personnes

1 mixeur plongeant
1 fouet électrique
1 casserole
2 saladiers
5 verrines

- 300 g de framboises
- 150 g de sucre
- 25 g de sucre glace
- 20 cl de crème liquide
- 5 biscuits roses de Reims
- 1 citron
- 3 feuilles de gélatine (6 g)
- 1 cuil. à café de kirsch

1 Dans une casserole, faites bouillir 5 cl d'eau avec 25 g de sucre, le kirsch et quelques gouttes de jus de citron. Laissez refroidir ce sirop. Découpez les biscuits roses en 3 ou en 4 morceaux. Imbibez-les de sirop puis déposez-les au fond des verrines.

2 À l'aide d'un mixeur plongeant, mixez 250 g de framboises avec le sucre glace. Déposez les feuilles de gélatine dans un bol d'eau froide. Dans une casserole, versez 5 cl d'eau avec le reste de sucre et le jus d'1/2 citron. Faites frémir le tout. Ajoutez les feuilles de gélatine essorées dans le sirop chaud pour les dissoudre puis les 3/4 du coulis de framboise. Versez le tout dans un saladier. Réservez ce coulis au réfrigérateur pour le refroidir un peu.

3 À l'aide d'un fouet électrique, montez la crème liquide en crème fouettée dans un saladier. Mélangez délicatement cette crème dans le coulis de framboise encore tremblotant mais non pris. Répartissez le tout dans les verrines. Laissez prendre au réfrigérateur pendant au moins 2 heures.

4 Décorez les verrines avec le reste du coulis de framboise et des framboises entières.

Crèmes bavaroises à la pistache et aux abricots

coût moyen • assez facile à réaliser • préparation : 30 min • cuisson : 5 min • réfrigération : 3 h • pour 6 personnes

1 fouet électrique
1 casserole
1 poêle
2 saladiers
6 petites verrines

- 6 abricots
- 3 jaunes d'œufs
- 1 cuil. à soupe de pâte de pistaches
- 130 g de sucre
- 40 cl de lait
- 20 cl de crème liquide
- 30 g de beurre
- 1/2 citron
- 3 feuilles de gélatine (6 g)
- 50 g de gelée d'abricot
- 2 cuil. à soupe de pistaches non salées

1 Trempez les feuilles de gélatine dans un grand volume d'eau froide. Faites frémir le lait dans une casserole. Mélangez les jaunes d'œufs avec 100 g de sucre. Ajoutez le lait bouillant puis les feuilles de gélatine bien essorées. Mélangez en évitant de faire de la mousse. Refaites cuire le tout dans une casserole, à feu doux et sans atteindre l'ébullition. Dès que cette crème anglaise est légèrement nappante, ajoutez la pâte de pistaches et mélangez bien. Versez le tout dans un saladier. Laissez refroidir sans gélifier.

2 Dénoyautez les abricots puis coupez-les en 4. Faites revenir rapidement les quartiers d'abricots dans une poêle avec le beurre puis versez les 30 g de sucre. Laissez cuire 2 à 3 minutes. Ajoutez quelques gouttes de jus de citron. Laissez refroidir puis répartissez le tout au fond des verrines.

3 À l'aide d'un fouet électrique, montez la crème liquide en crème fouettée. Incorporez-la délicatement dans la crème anglaise à la pistache encore tremblotante. Complétez les verrines avec cette crème et laissez reposer au frais pendant au moins 3 heures.

4 Terminez le décor des verrines avec un peu de gelée d'abricot et quelques pistaches.

Crèmes de mascarpone aux fruits d'été

coût moyen • assez facile à réaliser • préparation : 35 min • réfrigération : 2 h • pour 4 personnes

1 fouet électrique
2 saladiers
1 fouet
4 verrines

- 200 g de mascarpone
- 250 g de fraises
- 2 abricots
- 1 kiwi
- 50 g de sucre
- 2 œufs
- 1/2 citron
- 8 cl de coulis de framboise
- 1 cuil. à soupe de sucre
- 1 cuil. à soupe de pistaches non salées concassées
- 1 cuil. à soupe de kirsch

1 Lavez les fruits et taillez-les en petits dés. Mélangez et sucrez légèrement si nécessaire. Répartissez les dés de fruits dans les verrines jusqu'à mi-hauteur. Réservez au frais.

2 Séparez les jaunes des blancs d'œufs. Dans un saladier, fouettez les jaunes d'œufs avec le sucre et le kirsch. Incorporez le mascarpone, fouettez bien fort pour obtenir un mélange homogène.

3 Avec un fouet électrique, montez les blancs d'œufs en neige avec quelques gouttes de jus de citron et incorporez-les au précédent mélange. Réservez cette crème de mascarpone au frais quelques minutes.

4 Complétez les verrines avec la crème de mascarpone en vous arrêtant à 2 cm du bord. Laissez prendre pendant 2 heures au réfrigérateur. Terminez la décoration en complétant les verrines avec une petite couche de coulis de framboise et un peu de pistaches concassées.

truc de cuisinier

Quelques gouttes de jus de citron dans les blancs d'œufs permettent d'obtenir des œufs en neige bien fermes.

Crèmes dessert au chocolat blanc, coulis de framboise

bon marché • facile à réaliser • préparation : 15 min • cuisson : 3 min • réfrigération : 2 h • pour 6 personnes

1 casserole
1 saladier
1 fouet
6 ramequins

- 130 g de chocolat blanc
- 50 cl de lait
- 40 g de sucre
- 30 g de fécule de maïs
- 2 jaunes d'œufs
- 10 cl de coulis de framboise

1 Versez 45 cl de lait dans une casserole. Faites-le frémir. Concassez le chocolat blanc en morceaux.

2 Dans un saladier, fouettez les jaunes d'œufs avec le sucre. Ajoutez 5 cl de lait puis la fécule de maïs. Fouettez de nouveau jusqu'à l'obtention d'un mélange homogène. Versez le lait bouillant par-dessus. Mélangez bien puis reversez le tout dans la casserole.

3 Faites épaissir à feu doux, en fouettant constamment et à la limite de l'ébullition. Quand la crème dessert est nappante, retirez-la du feu puis ajoutez les morceaux de chocolat blanc. Fouettez puis lissez bien le tout.

4 Répartissez cette crème jusqu'aux trois quarts dans les ramequins. Laissez bien refroidir au réfrigérateur pendant 2 heures. Complétez les verrines avec une couche de coulis de framboise. Terminez le décor avec quelques framboises et des feuilles de menthe, et servez.

truc de cuisinier

Ne faites surtout pas bouillir cette crème dessert car des grumeaux pourraient apparaître.

Petits pots de crème coco

coût peu élevé • très facile à réaliser • préparation : 15 min • cuisson : 35 min • réfrigération : 2 h • pour 5 personnes

1 casserole
1 saladier - 1 fouet
5 verrines

- 90 g de sucre
- 25 cl de lait de coco non sucré
- 25 cl de lait
- 3 œufs
- 1/2 gousse de vanille

Préchauffez le four à 150 °C (th. 5). Dans une casserole, mélangez le lait de coco avec le lait, ajoutez la demi-gousse de vanille fendue en 2 et grattée. Faites frémir le tout et laissez infuser pendant quelques minutes. Dans un saladier, fouettez les œufs avec le sucre puis ajoutez le lait encore chaud. Mélangez en évitant de faire de la mousse. Écumez si nécessaire puis retirez la demi-gousse de vanille. Remplissez les verrines. Déposez-les dans un bain-marie puis ajoutez de l'eau chaude jusqu'à mi-hauteur. Faites cuire pendant 30 à 35 minutes au four. Laissez refroidir au réfrigérateur pendant 2 heures.

Crèmes prises aux épices

coût peu élevé • très facile à réaliser • préparation : 15 min • cuisson : 30 min • réfrigération : 2 h • pour 5 personnes

1 casserole - 1 saladier
1 tamis fin - 1 fouet
5 ramequins

- 50 cl de lait entier
- 70 g de cassonade
- 3 œufs
- 1/2 gousse de vanille
- 1 bâton de cannelle
- 1 anis étoilé
- 2 clous de girofle

Préchauffez le four à 150 °C (th. 5). Versez le lait dans une casserole. Ajoutez la cassonade, la demi-gousse de vanille fendue en 2, le bâton de cannelle, l'anis étoilé et les clous de girofle. Faites frémir le tout puis laissez infuser pendant 10 minutes. Dans un saladier, fouettez les œufs puis versez le lait épicé par-dessus. Mélangez puis filtrez le tout. Supprimez la mousse. Remplissez les ramequins à hauteur. Déposez-les dans un bain-marie puis ajoutez de l'eau chaude jusqu'à mi-hauteur. Faites cuire pendant 25 à 30 minutes au four. Laissez bien refroidir au réfrigérateur pendant 2 heures.

Crèmes moussantes chocolat-ananas

coût moyen • très facile à réaliser • préparation : 15 min • cuisson : 2 min • réfrigération : 1 h • pour 5 personnes

1 fouet électrique
1 poche à douille cannelée
1 casserole - 1 saladier
1 fouet - 5 ramequins

- 100 g de chocolat au lait
- 30 cl de crème liquide
- 5 tranches d'ananas frais
- 1 cuil. à soupe de sucre
- 1 cuil. à café de cacao amer
- quelques feuilles de menthe

Faites frémir la crème liquide dans une casserole. Découpez le chocolat en petits morceaux puis ajoutez-le, hors du feu, dans la crème chaude. Mélangez. Laissez refroidir cette crème filmée au frais pendant 2 heures. Découpez l'ananas en petits dés. Ajoutez quelques feuilles de menthe finement émincées et le sucre. Répartissez les fruits au fond des ramequins. Au dernier moment, à l'aide d'un fouet électrique, fouettez la crème chocolatée bien froide jusqu'à l'obtention d'une crème moussante assez ferme. Complétez les ramequins avec la crème moussante au chocolat avec une poche à douille cannelée. Saupoudrez d'un peu de cacao en poudre.

Crèmes de marron au pain d'épice

coût moyen • assez facile à réaliser • préparation : 15 min • cuisson : 30 min • réfrigération : 1 h • pour 5 personnes

1 mixeur plongeant
1 casserole - 1 saladier
1 bain-marie - 5 ramequins

- 200 g de crème de marron
- 1 tranche de pain d'épice
- 80 g de sucre
- 40 cl de lait concentré non sucré
- 3 œufs
- 10 cl de crème liquide

Préchauffez le four à 150 °C (th. 5). Découpez le pain d'épice en petits dés sans la croûte. Dans une casserole, faites frémir le lait concentré avec la crème liquide. Ajoutez le pain d'épice hors du feu. Laissez bien imbiber pendant 10 minutes. Dans un saladier, fouettez les œufs avec le sucre. Ajoutez le lait bouillant avec les dés de pain d'épice, et la crème de marron. Mixez rapidement à l'aide d'un mixeur plongeant en évitant de faire trop de mousse. Versez cette crème dans les ramequins puis déposez-les dans un bain-marie rempli à mi-hauteur. Faites cuire au four 25 à 30 minutes. Laissez refroidir 1 h au frais.

Petites crèmes au caramel au beurre salé

coût moyen • assez facile à réaliser • préparation : 15 min • cuisson : 30 min • réfrigération : 2 h • pour 6 personnes

2 casseroles
1 saladier
1 fouet
6 verrines

- 50 cl de lait entier
- 80 g de sucre
- 5 jaunes d'œufs
- quelques gouttes de vanille liquide

Pour le caramel au beurre salé :

- 120 g de sucre
- 50 g de beurre salé
- 5 cl de crème liquide

1 Préparez le caramel au beurre salé : versez dans une casserole 120 g de sucre avec 2 cuillerées à soupe d'eau. Portez le tout à ébullition et laissez cuire jusqu'à l'obtention d'un caramel clair. Retirez la casserole du feu pour bien stopper l'ébullition.

2 Ajoutez avec précaution 2 cuillerées à soupe d'eau tiède puis la crème liquide tiède. Mélangez bien à l'aide d'un petit fouet. Incorporez le beurre salé en morceaux. Mélangez de nouveau puis répartissez une fine couche de ce caramel au fond de 6 verrines.

3 Préchauffez le four à 100 °C (th. 3-4). Faites frémir le lait dans une casserole avec la vanille liquide. Dans un saladier, fouettez énergiquement les jaunes d'œufs avec le sucre. Versez par-dessus le lait bouillant. Mélangez doucement en évitant la formation d'une mousse et laissez reposer ce flan liquide pendant 5 minutes.

4 Complétez délicatement les verrines caramélisées avec le flan. Faites cuire au four pendant 30 minutes. Laissez refroidir au moins 2 heures au réfrigérateur avant de servir.

Petites crèmes régressives aux Tagada®

coût peu élevé • très facile à réaliser • préparation : 15 min • cuisson : 35 min • réfrigération : 2 h • pour 5 personnes

1 casserole
1 saladier - 1 fouet
5 petits pots en porcelaine

- 15 bonbons fraise
- 70 g de sucre
- 5 œufs • 25 cl de lait
- 25 cl de crème liquide
- quelques gouttes de colorant alimentaire rouge

Préchauffez le four à 150 °C (th. 5). Faites frémir le lait et la crème dans une casserole. Ajoutez 10 bonbons. Mélangez avec un petit fouet pour bien faire dissoudre les bonbons. Ajoutez quelques gouttes de colorant rouge. Dans un saladier, fouettez les œufs avec le sucre puis ajoutez le lait chaud. Mélangez en évitant de faire de la mousse. Écumez si nécessaire. Remplissez les petits pots. Déposez-les dans un bain-marie puis ajoutez de l'eau chaude jusqu'à mi-hauteur. Faites cuire pendant 30 à 35 minutes au four. Laissez refroidir au frais pendant 2 heures. Décorez avec un bonbon fraise.

Petites crèmes aux Carambar®

coût peu élevé • très facile à réaliser • préparation : 10 min • cuisson : 35 min • réfrigération : 2 h • pour 5 personnes

1 casserole
1 saladier
1 bain-marie
5 ramequins

- 70 g de bâtons de caramel
- 70 g de sucre
- 50 cl de lait
- 3 œufs

Découpez les bâtons de caramel en 4. Déposez-les dans une casserole avec le lait. Faites frémir puis chauffer en remuant pour bien dissoudre les bâtons de caramel. Fouettez les œufs et le sucre dans un saladier. Versez le lait bouillant sur ce mélange puis répartissez le tout dans les ramequins. Déposez-les dans un bain-marie rempli à mi-hauteur d'eau bouillante. Faites cuire pendant 30 à 35 minutes au four. Vérifiez la cuisson à l'aide de la pointe d'un couteau. Laissez refroidir au frais pendant au moins 2 heures. Vous pouvez servir ces petites crèmes dans les pots ou démoulées à la façon d'une crème renversée.

Petites crèmes meringuées au citron vert

coût moyen • facile à réaliser • préparation : 10 min • cuisson : 3 min • réfrigération : 1 h • pour 6 personnes

1 fouet électrique
1 chalumeau
1 poche à douille cannelée
1 casserole
2 saladiers
1 tamis fin
1 fouet
6 ramequins

- 2 citrons verts non traités
- 30 g d'écorces de citrons confits en petits dés
- 150 g de sucre
- 50 cl de lait
- 2 œufs + 2 jaunes
- 2 cuil. à soupe rase de fécule de maïs

1 Lavez un citron vert puis prélevez le zeste. Versez le lait dans une casserole avec les zestes et faites frémir. Retirez du feu et laissez infuser pendant au moins 10 minutes puis filtrez à l'aide d'un tamis fin. Détaillez le deuxième citron en fins filaments et en demi-rondelles pour le décor.

2 Dans un saladier, fouettez les jaunes d'œufs avec 100 g de sucre. Ajoutez la fécule de maïs, puis mélangez le lait chaud et mélangez de nouveau avant de verser le tout dans une casserole.

3 Déposez la casserole sur un feu doux en fouettant sans arrêt jusqu'à la limite de l'ébullition. La crème doit légèrement épaissir. Ajoutez les écorces de citrons. Répartissez le tout dans les ramequins. Laissez refroidir au frais pendant au moins 1 heure.

4 À l'aide d'un fouet électrique, montez les blancs d'œufs en neige. Incorporez 50 g de sucre en pluie dans les blancs bien fermes. Remplissez une poche à douille cannelée avec cette meringue. Complétez les ramequins puis colorez-la à l'aide d'un chalumeau. Décorez avec les demi-rondelles et les filaments de citron vert. Servez immédiatement.

Panna cotta à la pistache

coût peu élevé • facile à réaliser • préparation : 5 min • cuisson : 5 min • réfrigération : 2 h • pour 5 personnes

1 casserole - 1 fouet
5 petits pots

•70 g de sucre
•40 cl de crème liquide
•10 cl de lait •1 c. à s. de pâte de pistaches •1 c. à s. de pistaches non salées
•2 feuilles de gélatine (4 g)

Déposez les feuilles de gélatine dans un bol rempli d'eau froide. Faites chauffer dans une casserole la crème liquide, le lait et le sucre. Ajoutez la pâte de pistaches. Mélangez avec un petit fouet. Ajoutez ensuite la gélatine bien essorée. Mélangez de nouveau. Laissez tiédir dans la casserole pendant 10 minutes puis répartissez le tout dans les petits pots. Laissez bien refroidir au moins 2 heures au réfrigérateur. Décorez avec les pistaches.

Panna cotta régressives aux Chamallows® et aux framboises

coût peu élevé • facile à réaliser • préparation : 15 min • cuisson : 2 min • réfrigération : 3 h • pour 4 personnes

1 mixeur plongeant
2 saladiers - 1 casserole
1 fouet - 4 verrines

•20 bonbons à la guimauve
•100 g de framboises
•50 g de gelée de framboise
•25 cl de lait •25 cl de crème liquide •20 g de sucre
•4 feuilles de menthe
•3 feuilles de gélatine (6 g) •quelques gouttes de colorant alimentaire rouge

Trempez les feuilles de gélatine dans un grand volume d'eau froide. Dans une casserole, faites frémir le lait avec la crème et le sucre. Ajoutez 16 bonbons à la guimauve et la gélatine essorée. Mélangez bien avec un petit fouet pour obtenir une crème homogène et lisse. Accentuez la couleur avec quelques gouttes de colorant rouge. Versez cette panna cotta dans les verrines jusqu'aux deux tiers et laissez reposer au frais pendant au moins 3 heures. Dès que la panna cotta est prise, versez une petite couche de gelée de framboise. Décorez avec les framboises fraîches, des feuilles de menthe et un bonbon à la guimauve.

Crème de lait à l'orange

coût peu élevé • facile à réaliser • préparation : 20 min • cuisson : 35 min • réfrigération : 1 h • pour 5 personnes

1 casserole
1 saladier
1 bain-marie
1 tamis fin
1 fouet
5 verrines

- 1 orange non traitée
- 30 g d'écorces d'oranges confites en petits dés + quelques écorces pour la décoration (facultatif)
- 1 c. à s. de Grand Marnier®
- 80 g de sucre
- 40 cl de lait concentré non sucré
- 10 cl de crème liquide
- 3 œufs

1 Préchauffez le four à 150 °C (th. 5). Prélevez le zeste de l'orange. Dans une casserole, faites frémir le lait concentré avec la crème liquide, le Grand-Marnier® et le zeste d'orange. Laissez infuser 10 minutes hors du feu.

2 Dans un saladier, fouettez les œufs avec le sucre. Ajoutez le lait bouillant au travers d'un tamis fin pour retenir le zeste. Mélangez ce flan en évitant de faire trop de mousse.

3 Versez le flan et les dés d'écorces d'orange confites dans des verrines puis déposez-les dans un bain-marie. Versez de l'eau bouillante jusqu'à mi-hauteur des verrines.

4 Faites cuire au four pendant 30 à 35 minutes. Vérifiez la cuisson avec la pointe d'un couteau. Laissez bien refroidir avant de déguster. Décorez avec des écorces d'oranges confites si vous le souhaitez.

truc de cuisinier

Mieux encore qu'une orange non traitée, choisissez une orange bio pour prélever le zeste.

Index

Autour des classiques

Crèmes catalanes 6
Crèmes laitières à la vanille 12
Crèmes renversées au caramel 12
Panna cotta aux fruits rouges 10
Petits pots de crème au café 8
Pots de crème facile au chocolat 8

Des crèmes brûlées

Crèmes brûlées à la lavande 26
Crèmes brûlées à la vanille Bourbon 14
Crèmes brûlées au chocolat noir, parfum de café 20
Crèmes brûlées orange confite-safran 24
Crèmes brûlées poires-sirop d'érable 24
Crèmes brûlées rhum-raisin 22
Duo chocolat et crèmes brûlées 16
Mini-crèmes brûlées à la pâte de spéculoos 18
Mini-crèmes caramélisées au citron 18

Les crèmes sophistiquées

Blanc-manger au lait de coco et saveur des îles 32
Crèmes bavaroises à la pistache et aux abricots 40
Crèmes de framboise aux biscuits roses 38
Crèmes de mascarpone aux fruits d'été 42
Crèmes viennoises aux griottes 28
Petites crèmes à la ricotta et aux myrtilles 34

Petites crèmes de mascarpone aux griottes 34
Trifles de pommes aux fruits secs et aux spéculoos 36
Verrines de lemon curd aux fraises, chantilly gourmande 30

Des crèmes tendances

Crème de lait à l'orange 58
Crèmes de marron au pain d'épice 48
Crèmes dessert au chocolat blanc, coulis de framboise 44
Crèmes moussantes chocolat-ananas 48
Crèmes prises aux épices 46
Panna cotta à la pistache 56
Panna cotta régressives aux Chamallows® et aux framboises . . 56
Petites crèmes au caramel au beurre salé 50
Petites crèmes aux Carambar® 52
Petites crèmes meringuées au citron vert 54
Petites crèmes régressives aux Tagada® 52
Petits pots de crème coco 46

Infos mesures

	Farine	Sucre	Liqueur	Fécule	Vin/eau
1 cuil. à café rase = 1 teaspoon (tsp)	5 g	6 g	0,5 cl un trait	5 g	0,5 cl
1 cuil. à soupe rase = 1 tablespoon (TBSP) - ½oz	15 g	20 g	1,5 cl	15 g	1,5 cl

Collection mes p'tits Toquades de First

Un maximum de gourmandise pour un prix mini !